Zeitmanagement im Job

—

die effektivsten Methoden für die Praxis in Rekordzeit erklärt

Wie Du endlich den Weg zur **Work Life Balance** findest

Von Rainer Gerstl

1 Inhaltsverzeichnis

1 Einleitung

„Es ist nicht zu wenig Zeit, die wir haben, sondern es ist zu viel Zeit, die wir nicht nutzen“. Dieses Zitat von Lucius Annaeus Seneca ist heutzutage, wo alles immer noch schneller und noch fehlerfreier funktionieren muss, wohl bedeutsamer denn je. Die zunehmende Digitalisierung der letzten 20 Jahre hat die Welt innerhalb kürzester Zeit drastisch verändert. Das hat dazu geführt, dass immer mehr Tätigkeiten in immer kürzerer Zeit erledigt werden können.

Wer heutzutage erfolgreich sein will, kann dies nur schaffen, wenn die zur Verfügung stehende Zeit bestmöglich genutzt wird. Man spricht dabei vom richtigen Zeitmanagement. Eng damit verbunden ist der Begriff Selbstmanagement, was im Grunde nichts anderes bedeutet als sein Leben und seine Lebenszeit ohne äußere Einflüsse selbst richtig einzuteilen und zu strukturieren.

Dieses Buch soll Dir als Ratgeber einen Einblick in dieses umfangreiche Themengebiet geben. Es wird dabei insbesondere auf das Thema Zeitmanagement im Berufsalltag eingegangen.

<u>Du wirst erfahren:</u>

- welchen Wert die Zeit hat
- welche Zeitdiebe es gibt und was Du dagegen tun kannst
- welche Zeitmanagement Prinzipien und Grundsätze es gibt
- wie Du einfache Methoden zur Zeitersparnis in deinen beruflichen Alltag integrierst
- wie Du Aufgaben richtig priorisierst und delegierst
- wie Du Deinen Tag richtig gestaltest
- wie Du richtig mit „Besuchern“ umgehst
- wie Du Deine persönliche Leistungskurve ermittelst
- wie Du die Theorie in die Praxis umsetzt

Gutes Zeitmanagement zeigt Dir Wege auf, wie Du es schaffen kannst, mehr Übersicht über anstehende Aktivitäten zu erhalten und diese entsprechend richtig zu priorisieren. Dadurch erhältst Du mehr Freiraum für Kreativität und reduzierst Dein Stresslevel. Wenn du Deine Zeit im beruflichen Alltag richtig einteilst, wirst Du Aufgaben schneller erledigen können. Dies verschafft Dir mehr Freizeit, das heißt mehr Zeit mit der Familie oder mit Freunden.

Ein schönes Beispiel für das richtige Zeitmanagement ist die Geschichte vom Holzfäller, der keine Zeit hatte.

Ein Mann geht im Wald spazieren.
Nach einer Weile sieht er einen Holzfäller, der hastig und sehr angestrengt dabei ist, einen auf dem Boden liegenden Baumstamm zu zerteilen.
Er stöhnt und schwitzt und scheint viel Mühe mit seiner Arbeit zu haben.
Der Spaziergänger geht etwas näher heran, um zu sehen warum die Arbeit so schwer ist.
Schnell erkennt er den Grund und sagt zu dem Holzfäller:
„Guten Tag, ich sehe, dass Sie sich Ihre Arbeit unnötig schwer machen.
Ihre Säge ist ja ganz stumpf, warum schärfen Sie sie denn nicht?“
Der Holzfäller schaut nicht einmal hoch, sondern zischt durch die Zähne:
„Dazu habe ich keine Zeit, ich muss doch sägen!“

Mache nicht den gleichen Fehler wie der Holzfäller. Nimm dir die Zeit, um Deine Axt zu schärfen und richtiges Zeitmanagement zu erlernen. Es ist die Grundlage für ein erfolgreiches Leben, nicht nur im Beruf sondern auch im Privatleben.

Dieses Buch wird Dir dabei helfen. Es richtet sich an Studierende, Berufsanfänger, (junge) Führungskräfte und selbstverständlich an alle, die sich einen Überblick über die gängigen Methoden des Zeitmanagements verschaffen wollen. Neben dem Erlernen der theoretischen Grundlagen steht besonders die unmittelbare Umsetzung in der Praxis im Vordergrund. Es ist bewusst auf die Maßnahmen beschränkt, die sich schnell und einfach anwenden lassen, sodass ein unmittelbarer Erfolg schnell sichtbar werden wird.

2 Der Wert der Zeit

Die Zeit ist gerecht – jeder Mensch hat 24 Stunden am Tag. Doch sie ist auf das Leben jedes Einzelnen bezogen auch endlich. Im Durchschnitt haben wir nur **30.000 Tage** Zeit, um auf dieser Welt zu leben und all unsere Ziele, Wünsche und Träume zu verwirklichen. Das macht die Zeit so unglaublich wertvoll, um genau zu sein zum Wertvollsten was wir besitzen. Man spricht in diesem Zusammenhang auch vom persönlichen **Zeitkapital**. Entsprechend wichtig ist der richtige Umgang mit unserer Lebenszeit.
Eigentlich müsste man annehmen, dass die Menschen heute mehr Zeit haben als früher. Tätigkeiten, die sonst Monate oder Jahre gedauert haben, funktionieren heute innerhalb weniger Sekunden. Schaut man sich zum Beispiel die Zeit an, welche notwendig ist, um von München nach Berlin zu kommen oder um eine Nachricht ans andere Ende der Welt zu verschicken, so müsste jeder von uns doch heute viel entspannter sein. Doch genau das Gegenteil ist der Fall.

Befragt man Menschen danach, was sie sich am meisten wünschen, ist eine der häufigsten Antworten: „mehr Zeit“. Und wenn man Menschen nach Wörtern mit „Zeit“ befragt, kommen häufig negative Affirmationen wie zum Beispiel: Zeitdruck, Zeitnot, Zeitfresser, Zeitarbeit, Zeitverlust. Die Einstellung der Menschen zum Thema Zeit ist immer mit einer gewissen Abneigung verbunden. Das hat damit zu tun, dass sie von der Zeit beherrscht werden. Sie schauen ständig auf die Uhr, hetzen von einem Termin zum nächsten, sind dabei dauernd gestresst und können nie wirklich entspannen.

Alle erfolgreichen Menschen haben sich irgendwann in ihrem Leben einmal hingesetzt und über den Nutzen und die richtige Verwendung ihres persönlichen Zeitkapitals gründlich nachgedacht. Diese Menschen sind sich dem Wert ihrer Zeit bewusst. Sie lassen sich nicht von ihr beherrschen, sondern sie beherrschen die Zeit. Diese Menschen verschwenden ihre Zeit nicht, sondern nutzen jeden Tag so gut es geht.

Bevor wir konkret in das Thema Zeitmanagement einsteigen, möchte ich dir noch ein kurzes Gedicht zur Bedeutung der Zeit für jeden Einzelnen von uns mit auf den Weg geben:

Um den Wert eines Jahres zu erfahren,
frage einen Studenten,
der im Schlussexamen durchgefallen ist.

Um den Wert eines Monats zu erfahren,
frage eine Mutter,
die ein Kind zu früh zur Welt gebracht hat.
Um den Wert einer Woche zu erfahren,
frage den Herausgeber einer Wochenzeitung.
Um den Wert einer Stunde zu erfahren,
frage die Liebenden, die darauf warten,
sich zu sehen.
Um den Wert einer Minute zu erfahren,
frage jemanden, der seinen Zug, seinen Bus
oder seinen Flug verpasst hat.
Um den Wert einer Sekunde zu erfahren,
frage jemanden, der einen Unfall überlebt hat.
Um den Wert einer Millisekunde zu erfahren,
frage jemanden, der bei den Olympischen Spielen
eine Silbermedaille gewonnen hat.
Die Zeit wartet auf niemanden.
Sammle jeden Moment, der Dir bleibt,
denn er ist wertvoll.
Teile ihn mit einem besonderen Menschen,
und er wird noch wertvoller.

Erkenne den Wert der Zeit für dich. Mache dir bewusst, dass auch Dein Leben endlich ist und Du nichts Wertvolleres hast als Deine Lebenszeit.

3 Zeitdiebe: Ursachen und Maßnahmen

Es gibt zahlreiche Fallen, die Dir täglich deine Zeit rauben. Diese möchte ich Dir im Folgenden vorstellen und Dir aufzeigen, was die Ursachen für zu wenig Zeit sind und welche Maßnahmen Du dagegen ergreifen kannst.

3.1 Zu viel auf einmal tun

Ein häufig auftretendes Problem ist die Annahme von zu vielen Aufgaben. Viele Menschen können nicht „Nein“ sagen, weil sie Angst haben jemanden zu beleidigen oder zu kränken. Das wird dann von manchen Kollegen ausgenutzt, sodass sich diese Menschen irgendwann um so viele Sachen kümmern, dass sie die wirklich wichtigen Aufgaben aus den Augen verlieren. Oft haben sie auch die Meinung, dass sie die einzigen sind, die eine bestimmte Aufgabe richtig erledigen können. Dies führt zu fehlender Delegation von Aufgaben und erhöht das Stresslevel.

Oft ist bei diesen Menschen auch das Interesse für mehrere Aufgabenbereiche vorhanden, was dazu führt, dass wesentliche Aktivitäten aus dem eigenen Aufgabenbereich vernachlässigt werden.
Um dagegen vorzugehen, ist es wichtig ehrlich zu sein und auch mal „Nein“ zu sagen, wenn man keine Zeit für weitere Aufgaben hat. Außerdem solltest Du anderen Menschen vertrauen und Aufgaben delegieren, um Zeit für die wichtigen Aufgaben zu finden.

3.2 Dinge gleichzeitig tun

Die Annahme, dass Menschen Multitasking beherrschen, ist schlicht und ergreifend falsch. Multitasking funktioniert nicht. Wir können immer nur eine Sache nach der anderen machen. Wenn Du also versuchst mehrere Sachen gleichzeitig zu erledigen, zum Beispiel telefonieren und eine E-mail zu schreiben, dann switcht dein Gehirn in Wahrheit ganz schnell zwischen diesen beiden Aufgaben hin und her. Das führt dazu, dass Du viel Aufmerksamkeit und Leistung verlierst. Außerdem steigt die Fehlerwahrscheinlichkeit, weil Du nicht mehr mit voller Konzentration bei einer Sache bist.

Die besten Ergebnisse wirst Du erzielen, wenn Du dich auf eine Sache konzentrierst und diese ohne Störungen ausführst. Mache stets eine Sache nach der anderen und lass dich nicht ablenken.

3.3 Fehlende Planung

Ein weiterer Zeitdieb ist fehlende Planung, verbunden mit dem Fehlen von konkreten Zielen. Wer seine Aufgaben plant, schafft Freiräume für Unvorhergesehenes und die wirklich wichtigen Aktivitäten. Daher solltest Du am Abend des Vortages schriftlich festhalten, welche Aufgaben Du am nächsten Tag erledigen musst. Weiterhin solltest Du dir konkrete Tagesziele vorgeben, denn wer ein konkretes Ziel vor Augen hat und weiß, warum er etwas tut, ist erfolgreicher als derjenige ohne konkretes Ziel. Auf die Verwirklichungen dieser Ziele ist Deine Planung ausgerichtet. Halte dich daran erledige alle Aufgaben konsequent. Sorge dafür, dass Du die Dinge auch abschließt und nicht noch einmal damit anfangen musst. Da die Planung im Zeitmanagement einer der wichtigsten Bausteine ist, wird auf dieses Thema in **Kapitel 4.2** eingegangen.

3.4 Entscheidungsprobleme

Viele Menschen haben Angst, Fehler zu machen oder dumm dazustehen. Sie haben Schwierigkeiten, bei anstehenden Entscheidungen, fühlen sich gestresst und unter Druck gesetzt. Diese Menschen fällt es schwer, systematisch vorzugehen und Entscheidungen zu treffen, bevor alle Fakten auf dem Tisch liegen. Das führt in der Konsequenz häufig dazu, dass Aufgaben nicht abgeschlossen werden können bzw. Ergebnisse verzögert werden.
Wichtig ist es, zu erkennen, dass jeder Fehler die Chance für neue Erfahrungen bietet. Entscheidungen sollten nicht hinausgezögert werden, sondern, nach Prüfen aller Entscheidungsmöglichkeiten, getroffen werden. Eine Entscheidung ohne Risiko gibt es nicht und meistens ist eine mittelmäßige Entscheidung besser als gar keine Entscheidung. Gewöhne es dir an, kleine Entscheidungen unter Verwendung des gesunden Menschenverstandes sofort zu treffen. Wenn Deine Arbeit durch fehlende Entscheidungen Dritter verzögert wird, sprich das Thema offen beim Entscheidungsträger an und biete Deine Hilfe bei der Entscheidungsfindung an.

3.5 Der Sägeblatteffekt

Wenn wir eine Aufgabe beginnen, müssen wir uns zuerst in diese eindecken und einarbeiten. Werden wir während der Aktivität unterbrochen, sinkt die Konzentration/Leistungsfähigkeit stark ab. Als Unterbrechung zählt dabei das Reagieren auf Anrufe, E-Mails oder die Störung durch andere Personen am Arbeitsplatz. Die Unterbrechung macht jedes Mal eine Einarbeitung in die Aufgabe notwendig.

Stellt man die Leistungsfähigkeit bezogen auf die Zeit grafisch dar, ergibt sich eine Kurve, die einem Sägeblatt ähnelt. Man nennt diesen Effekt des Leistungsverlusts bei wiederholter Störung den sog. Sägeblatteffekt.

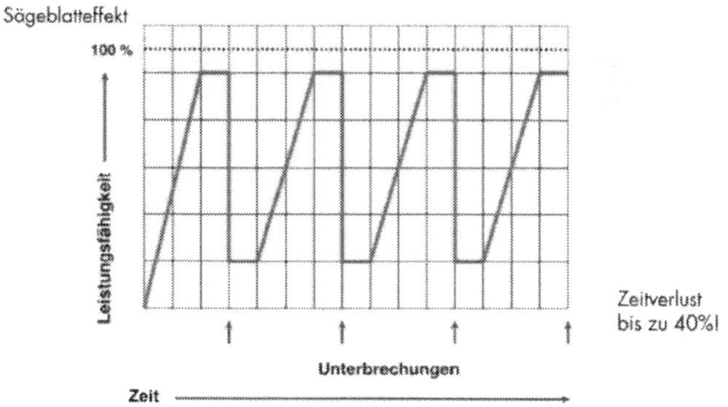

Quelle: Seiwert, L. (2001): Das 1x1 des Zeitmanagement, 21. Auflage

Um dagegen zu wirken, sollte man darauf achten, bei wichtigen Angelegenheiten sämtliche Störquellen auszuschließen. Handy und Telefon sollten ausgeschaltet werden und den Kollegen sollte man mitteilen, dass man nicht gestört werden will. Hierfür eignet sich die Einführung der „stillen Stunde“. Das ist im Grunde ein Termin mit sich selbst, bei dem jede Störung von außen ausgeschlossen wird, indem man sich für die Erledigung wichtiger Aufgaben abschirmt. Am besten trägst Du diese „stille Stunde“ wie einen Termin oder eine Besprechung in deinen Tagesplan ein. Eingehende Telefonate oder Anfragen von Kollegen kann ein Kollege oder die Sekretärin entgegennehmen und Rückrufe vereinbaren. Die „stille Stunde“ solltest Du täglich einplanen. Am besten eignet sich dafür die Zeit vor 8 Uhr oder nach 17 Uhr, da hier grundsätzlich weniger Störungen auftreten.

4 Zeitmanagement - Prinzipien

4.1 Prioritäten richtig setzen – die Eisenhower - Methode

Ein normaler Tag ist in der Regel voll mit unterschiedlichen Aufgaben, die erledigt werden müssen. Vielleicht stellst Du dir auch öfter die Frage womit Du bloß als Erstes anfangen sollst oder Du fängst einfach an, ohne wirklich darüber nachzudenken in welcher Reihenfolge die Aufgaben am besten erledigt werden.

Stell Dir bitte einmal folgende Situation vor. Du sitzt im Büro und Folgendes passiert: Ein Kollege kommt zu Deinem Arbeitsplatz und will Dich etwas fragen. Gleichzeitig klingelt das Telefon und Du siehst, dass Dich der Kunde eines laufenden Projektes anruft. Gerade als Du ans Telefon gehen willst, taucht Dein Chef auf und will Dich etwas fragen. Wie gehst Du vor?

Diese Situation ist nicht ungewöhnlich und verdeutlich, welchem Stress wir teilweise im Berufsalltag ausgesetzt sind. Ich möchte Dir für diesen Fall eine Grundregel für die richtige Priorisierung im Unternehmen geben.
Diese lautet: **An allererster Stelle, als oberstes Ziel, steht immer der Erfolg/Umsatz des Unternehmens.**
Das heißt, dass zuallererst Aufgaben erledigt werden, die für das Unternehmen wirtschaftlich am bedeutsamsten sind. In diesem Fall ist das Kundengespräch zu priorisieren, da zufriedene Kunden für ein Unternehmen am wichtigsten sind.

Diese Art der Einteilung ist simpel, allerdings auch oberflächlich, da im Idealfall alle Tätigkeiten im Unternehmen zum Erfolg beitragen. Daher möchte ich Dir noch eine weitere Einteilung anhand einer **Zeitmanagement-Matrix** vorstellen.

Dabei werden die Aufgaben in dringend/nicht dringend sowie wichtig/nicht wichtig eingeteilt. Immer bezogen auf das Ziel: Größtmöglicher Erfolg des Unternehmens. Dringend heißt, dass etwas sofort erledigt werden muss. Ein Beispiel hierfür wäre ein klingelndes Telefon. Wichtige Dinge beziehen sich dabei auf das Ergebnis. Je wichtiger ein Ergebnis ist, desto stärker trägt es zum Unternehmenserfolg bei. Die Methode geht zurück auf den ehemaligen US-Präsidenten Dwight D. Eisenhower und wird daher auch die **Eisenhower - Methode** genannt.

Die daraus abgeleitete Zeitmanagement-Matrix besteht aus vier Quadranten. Im ersten Quadranten sind alle Aufgaben, die sowohl dringend als auch wichtig sind. Der zweite Quadrant beinhaltet wichtige, nicht dringende Tätigkeiten. Zu Quadrant III zählen dringende, nicht wichtige Aufgaben und zu Quadrant IV schließlich noch nicht dringende und zugleich nicht wichtige Aufgaben.

Mache dir zunächst Gedanken, wie Du deine täglichen Aufgaben gemäß der Zeitmanagement-Matrix priorisieren würdest.

	dringend	nicht dringend
wichtig	I	II
nicht wichtig	III	IV

Die Aufgaben aus Quadrant IV, also nicht dringende und auch nicht wichtige Tätigkeiten, kommen in der Reihenfolge ganz am Schluss. Um genau zu sein, müssen diese Aufgaben gar nicht erledigt werden, da sie weder wichtig noch dringend sind. Dazu zählen beispielweise Einladungen zu Veranstaltungen, die für Dich keinen Nutzen haben oder Lieferantenanfragen, die nicht zum Unternehmen passen. Diese kann man absagen bzw. getrost ignorieren. Wie geht es bei der Priorisierung weiter?

Per Definition können nicht wichtige Aufgaben zwar dringend sein, haben aber keinerlei Auswirkungen auf den Unternehmenserfolg und kommen daher bei der Priorisierung an zweiter Stelle. Dazu zählen zum Beispiel das Schreiben von Arbeitszeugnissen. Aufgaben aus Quadrant III sollten, wenn möglich, delegiert werden, um mehr Freiraum für die wichtigen Aufgaben aus Quadrant I und II zu erhalten.
Diese tragen maßgeblich zum Erfolg des Unternehmens bei. Quadrant I - Tätigkeiten sind sowohl dringend als auch wichtig und erfordern die sofortige Erledigung. Ein Aufschub oder eine Delegation ist hier nicht möglich. Häufig handelt es sich dabei um plötzlich auftretende Probleme oder aufgrund unvorhergesehener Ereignisse einsetzende Krisen. Quadrant I Aufgaben müssen zuerst erledigt werden, und zwar von Dir selbst.

Es ist darauf zu achten, dass diese Aufgaben nicht alltäglich werden und dass nach jedem gelösten Problem Maßnahmen eingeleitet werden, damit ein erneutes Auftreten verhindert wird.

Aktivitäten aus Quadrant II sind langfristige Aufgaben, die für das Unternehmen wichtig sind. Darauf sollte das Hauptaugenmerk gelegt werden und darauf solltest Du dich konzentrieren. Leider ist es in vielen Unternehmen so, dass zu viel Zeit im Krisenmodus für Quadrant I Aufgaben verwendet wird und dabei keine Zeit für wichtige, nicht dringende, Tätigkeiten wie Kundenaquise, Entwicklung neuer Vertriebsstrategien, Qualitätsverbesserungen, etc. verwendet wird.

Die Priorisierung gemäß Zeitmanagement-Matrix kann für sämtliche Lebensbereiche verwendet werden. Wichtig dabei ist immer die vorherige Definition des Ziels, auf das die Tätigkeiten ausgerichtet sind. Möchtest Du beispielsweise ein Eigenheim errichten und die anstehenden Aufgaben priorisieren, stelle Dir immer die Frage nach der Wichtigkeit und Dringlichkeit der Aufgaben. Wichtig bezieht sich dabei auf das Ziel Eigenheim.

Mit der richtigen Priorisierung deiner Tätigkeiten wirst Du schon bald mehr Zeit für die wirklich wichtigen Aufgaben haben und damit wirst Du automatisch produktiver. Arbeite vor allem daran, die Quadrant I Tätigkeiten zu vermindern, um einen stressfreieren Alltag zu erreichen.

4.2 Schriftliche Planung – die ALPEN - Methode

Die allgemeine Erfahrung in der betrieblichen Praxis zeigt, dass man mit einem Mehraufwand an Planungszeit weniger Zeit für die Durchführung benötigt und insgesamt Zeit einspart. **Planung bedeutet somit immer Zeit-Gewinn.**
Wer seinen Arbeitstag zehn Minuten vorbereitet und konsequent in Angriff nimmt, kann täglich viel Zeit für das Wesentliche gewinnen.

Als Einstieg in die Zeitplanung eignet sich als erster Schritt die Planung jedes einzelnen Tages. Ein guter Tagesplan sollte nur das enthalten, was Du tatsächlich erledigst willst oder musst – und auch kannst. Denn nur wenn die gesetzten Ziele erreichbar und realistisch sind, mobilisieren sie auch deine Kräfte, diese zu erreichen.

Als Planungstool eignet sich hier die **ALPEN-**Methode.

Diese Methode ist einfach und gut zu merken. Sie erfordert pro Tag eine Planungszeit von fünf bis zehn Minuten.

Die fünf Schritte bedeuten:

- **A**ktivitäten auflisten (Aufgaben – Termine – Unerledigtes)
- **L**änge der Tätigkeit schätzen
- **P**ufferzeit für Unvorhergesehenes reservieren
- **E**ntscheidung über Prioritäten, Kürzungen und Delegation treffen
- **N**achkontrolle – Unerledigtes auf den nächsten Tag übertragen

1. Aktivitäten auflisten (Aufgaben – Termine – Unerledigtes)

Notiere Dir auf einem Formular „Tagesplan", was Du am betreffenden Tag alles erledigen willst.

2. Länge der Tätigkeiten schätzen

Notiere Dir hinter jeder Aktivität den Zeitbedarf, den Du dafür ungefähr veranschlagen musst.
Oft wird die Gesamtzeit, die zur Verfügung steht, überschätzt. Die meisten Menschen glauben, in einer bestimmten Zeit mehr zu schaffen, als tatsächlich erledigt werden kann. Eine Vorab-Schätzung schützt vor Frustrationen. Mit einer konkreten Vorgabe zwingst Du dich, ein gestecktes Limit auch einzuhalten und zügig zu arbeiten.

3. Pufferzeit für Unvorhergesehenes reservieren

Verplane nur einen bestimmten Teil Deiner Arbeitszeit, erfahrungsgemäß ca. 60 %. Lass Dir genügend Raum für Unvorhergesehenes.

Halte dich an die sogenannte **60:40 - Regel**

- Ca. 60 % geplante Aktivitäten
- Ca. 20 % unerwartete Aktivitäten (Reserve für nicht Planbares, Störgrößen, Zeitdiebe)
- Ca. 20 % für spontane Aktivitäten (Führungstätigkeiten, kreative Zeiten soziale und kommunikative Aktivitäten)

4. Entscheidung über Prioritäten, Kürzungen und Delegation treffen

Da die meisten Menschen dazu neigen, mehr als 60 % ihrer Zeit zu verplanen, musst Du deine Aktivitätenplan rigoros auf ein realistisches Maß zusammenstreichen. Der Rest muss verschoben werden.

➔ Entscheide, wo Du die Prioritäten setzt
➔ Entscheide, wie Du kürzen kannst
➔ Entscheide, welche Aufgaben Du delegieren kannst

5. Nachkontrolle – Unerledigtes auf den nächsten Tag übertragen

Beim konsequenten Führen Deines Tagesplanes siehst Du sofort, wenn Du eine Aufgabe nicht erledigt hast. Übertrage diese dann auf den nächsten Tag. Geschieht dies öfter, wird Dir deutlich vor Augen geführt, dass Du vielleicht eine unangenehme Aufgabe vor dich herschiebst.

Dann gibt es zwei Möglichkeiten

1. Die Aufgabe endlich anpacken, dann ist sie erledigt
2. Die Aufgabe streichen, weil sie sich inzwischen von selbst erledigt hat.

Die Vorteile der schriftlichen Planung liegen auf der Hand. Wer seine Pläne nur im Kopf hat, verliert den Überblick („aus den Augen aus dem Sinn"). Außerdem entlasten schriftliche Pläne das Gedächtnis. Du kannst dich auf die Inhalte konzentrieren und musst dir nicht noch die Ordnung merken. Psychologisch gesehen, hat die schriftliche Planung einen positiven Effekt auf die Selbstmotivation. Es wirkt motivierend, wenn man sieht, welche Aufgaben man im Laufe des Tages erledigt hat. Das Niederschreiben der anstehenden Tätigkeiten führt außerdem dazu, dass die Tagesergebnisse besser kontrolliert werden können und das Unerledigte nicht verloren geht. Durch die Zeitschätzung können im Laufe der Zeit Störzeiten besser beurteilt werden und realistische Pufferzeiten für Unvorhergesehenes eingeplant werden. Ein positiver Nebeneffekt der schriftlichen Planung ist außerdem die Dokumentation der geleisteten Arbeit und kann in bestimmten Fällen als Nachweis und Protokoll für Deine Aktivitäten oder Dein Nicht-Aktiv-Werden dienen.

4.3 Das Pareto - Prinzip

Viele verbringen ihre meiste Zeit damit sich um relativ nebensächliche Probleme zu kümmern, statt sich auf wenige, aber notwendige Aktivitäten zu konzentrieren. Oft erbringen schon 20 % der strategisch richtig eingesetzten Zeit und Energie 80 % des Ergebnisses.

Diese Zusammenhänge der **80:20 Regel** wurden erstmals von dem italienischen Ökonomen Vilfredo Pareto im 19 Jahrhundert beschrieben.

Dieser fand durch statistische Untersuchungen heraus, dass 20 % der Bevölkerung 80 % des Volksvermögens besaßen. Dieser Sachverhalt konnte in der Folge auch in vielen anderen Lebensbereichen nachgewiesen werden. Heute spricht man auf den Entdecker bezogen vom Pareto-Prinzip.

<u>Folgende Beispiele dienen zur Veranschaulichung:</u>

- 20 % der Kunden oder Waren bringen 80 % des Umsatzes
- 20 % der Produktionsfehler verursachen 80 % des Ausschusses
- 20 % der Zeitung enthalten 80 % der Nachrichten

- 20 % der Besprechung bewirkt 80 % der Beschlüsse
- 20 % der Schreibtischarbeit ermöglichen 80 % des Arbeitserfolges

Das Pareto Prinzip wird verwendet, um unnötige Arbeiten zum Erreichen eines Ziels zu identifizieren und sich auf die wichtigsten und effektivsten Aufgaben zu konzentrieren. Es hilft dabei mit wenig Aufwand schnelle Erfolge zu erzielen.
Um das hundertprozentige Ergebnis zu erzielen, sind jedoch 100 % der Bemühungen notwendig. Häufig reicht es auch nicht aus, ein Ergebnis zu 80 % zu erreichen und so müssen auch weniger effektive Aufgaben erledigt werden.
Steht man allerdings unter besonderem Zeitdruck, eignet sich die Anwendung der Methode, um innerhalb kürzester Zeit gute Ergebnisse zu präsentieren. Dabei muss man sich von Perfektionismus befreien und unwichtigere Aufgaben nach hinten verschieben.

4.4 Aufgaben sind variabel – das Parkinsonsche Gesetz

Ein interessanter Ansatz bei der zeitlichen Betrachtung von Aufgaben ist das Parkinsonsche Gesetz. Es besagt wörtlich, dass sich Arbeit in genau dem Maße ausdehnt, wie Zeit für ihre Erledigung zu Verfügung steht. Das heißt, das Gesetz geht davon aus, dass eine Aufgabe stets variabel ist und sich ausdehnt oder verkürzt, je nachdem wie der zeitliche Rahmen für die Aufgabe ist. Nicht die Komplexität der Aufgabe ist dabei entscheidend für die Dauer, sondern die Deadline, welche wir der Aufgabe geben. Diese Regel geht zurück auf den britischen Soziologen Cyril Northcote Parkinson, der diesem Zusammenhang mit der 1950er Jahre festgestellt hat.

Angenommen Du hast eine Aufgabe, die eine Stunde Bearbeitungszeit erfordert. Wenn Du deine volle Aufmerksamkeit dieser Aufgabe widmen kannst und keinen Zeitdruck verspürst, wirst Du für diese Aufgabe gemäß dem Parkinsonschen Gesetz viel länger brauchen. Die Aufgabe wird sich hinauszögern. Der Grund dafür ist eine unterschiedliche Herangehensweise an die Aufgabe, wenn kein Zeitdruck vorhanden ist.

Auf der anderen Seite funktioniert es genau gegenteilig. Wenn Du für eine Aufgabe zum Beispiel zwei Stunden benötigen würdest, Du aber aufgrund von zahlreichen Störungen nur eine Stunde Zeit dafür hast, so wird diese eine Stunde ausreichen, um ein ausreichendes Ergebnis zu erreichen. Die Bearbeitung wird um einiges stressiger sein, doch die Aufgabe hat sich verkürzt.
Aufgaben sind somit variabel, je nach äußeren Umständen und zur Verfügung stehender Zeit.

<u>Das heißt für Dich konkret:</u>

- plane nicht zu viel Zeit für die wichtigen Aufgaben ein
- halbiere Deine geplante Deadline und prüfe die Richtigkeit der Regel
- schließe Aufgaben ab, auch wenn diese noch nicht perfekt sind, denn auch hier gilt das Pareto-Prinzip → um die letzten 20 % des Ergebnisses zu erreichen, brauchst Du 80 % der Zeit.

4.5 Pausen setzen – die Pomodoro - Technik

Bei der Pomodoro – Technik geht es darum, in Intervallen zu arbeiten. Du setzt feste Intervalle für Pausen und für Arbeiten. Kontrolliert wird das Ganze durch einen Timer, den man sich auf das entsprechende Intervall einteilt.
Erfunden wurde diese Technik von einem italienischen Unternehmer namens Francesco Cirillo in den 1980er Jahren. Dieser nutzte den Ansatz der Produktivitätssteigerung bei regelmäßigen Pausen. Cirillo unterteilte dabei eine bestimmte Aufgabe in 4 Intervalle mit jeweils 25 Minuten Arbeit und 5 Minuten Pause. Nach den 4 Intervallen folgt eine 30 – minütige Pause und die Tätigkeit wird fortgesetzt bzw. eine neue Aufgabe wird bearbeitet. Als Timer für die Intervalle verwendete Cirillo eine Küchenuhr in Form einer Tomate. Daher stammt auch der Name Pomodoro, in italienisch Tomate.
Diese Intervalleinteilung von 25 Minuten gestaltet sich im Berufsalltag relativ schwierig, da bei der Aufnahme einer Tätigkeit eine bestimmte Zeit vergeht, bis die Konzentration auf dem Höchststand ist. Mit jeder Pause würde die Konzentration wieder auf den Ausgangswert sinken (siehe **Kapitel 3.5**).
Dennoch ist der Ansatz der regelmäßigen Pausen sinnvoll und kann dir dabei helfen produktiver zu werden.

Konkret heißt das, dass Du zu Arbeitsbeginn deinen Timer auf 1,5 Stunden stellst und mit der Arbeit startest. Nach dieser machst du eine Pause von fünf bis zehn Minuten. Die Pause solltest Du komplett zum Entspannen nutzen. Gehe dabei weg vom Arbeitsplatz und komm auf andere Gedanken. Das Setzen von Intervallen führt zu mehr Motivation, da Du jedes Mal auf eine Pause hinarbeitest. Nach der kurzen Erholung startest du wieder mit klarem Kopf in die Sache und bist voller Energie für das nächste Arbeitsintervall.

Die Pomodoro – Technik funktioniert besonders gut für lang andauernde Aufgaben, auf die man keine Lust hat. Für Tätigkeiten, in denen man voll und ganz aufgeht, ist es sinnvoller die Arbeit nicht zu unterbrechen.

4.6 Wichtige und unschöne Tätigkeiten zuerst tun - die „eat the frog in the morning Technik“

Bei dieser Technik („iss den Frosch am Morgen“) geht es darum, die wichtigste Aufgabe oder auch die Aufgabe, die einem am meisten Angst macht, sofort zu erledigen. Der Frosch steht dabei für ein kleines Monster, dem man sich sofort stellen soll. Schiebst Du unschöne Dinge auf, wird aus dem kleinen Frosch ein riesiges Monster. Das passiert natürlich nicht über Nacht, doch es gibt Aufgaben, die eine Deadline haben und je näher die Deadline rückt, desto größer wird der Frosch. Kümmere dich also zu Beginn des Arbeitstages sofort um den Frosch und lass ihn nicht zu groß werden. Dies führt dazu, dass Du gleich am Morgen ein gutes Gefühl erhältst, deinen Stresslevel senkst und motivierter in den Tag startest.

4.7 Analyse von Aufgaben

Jede Aufgabe kann nach folgendem Schema analysiert und charakterisiert werden. Ziel hinter dieser Methode ist es, unnötige Aufgaben zu eliminieren, delegierbare Tätigkeiten zu erkennen und immer gleiche Tätigkeiten zu standardisieren.

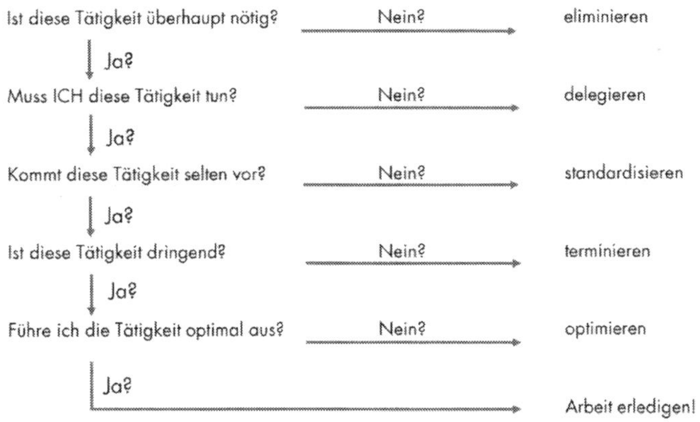

Beginne die Analyse bei den Aufgaben, die für Dich am zeitintensivsten sind. Können diese vielleicht standardisiert werden oder ist es sinnvoller die Aufgabe an einen Experten zu delegieren? Führst Du die Tätigkeit bereits optimal aus? Hol Dir hierfür auch die Meinung von Kollegen/Mitarbeitern. Du wirst erstaunt sein, wie viele der Aufgaben sich vereinfachen oder sogar streichen lassen.

4.8 Persönliche Leistungskurve

Jeder Mensch ist in seiner persönlichen Leistungsfähigkeit bestimmten Schwankungen unterworfen Diese vollziehen sich in einem natürlichen Rhythmus. Dieser Rhythmus lässt statische, durchschnittliche Leistungsbereitschaft und Schwankungsbreite in einer Grafik beschreiben (REFA-Normkurve).

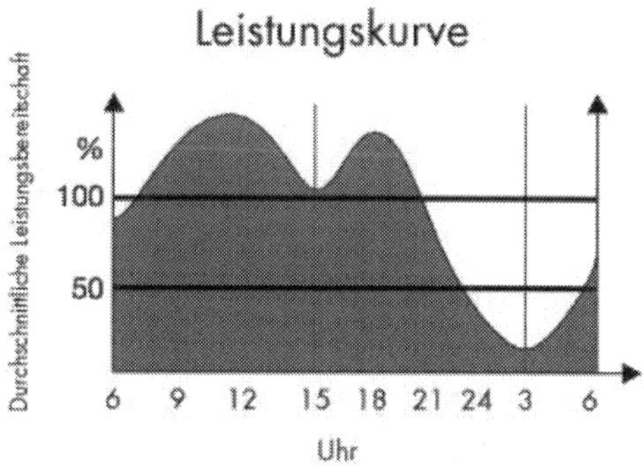

Quelle: Seiwert, L. (2001): Das 1x1 des Zeitmanagement, 21. Auflage

Von der REFA-Normkurve gibt es zwar individuelle Abweichungen, doch man kann einige allgemeine Grundsätze daraus ableiten.

Der Leistungshöhepunkt liegt am Vormittag. Es ist sinnvoll, in dieser Zeit die wichtigsten Aufgaben zu erledigen, denn ein aktiver Beginn bedeutet fast immer einen aktiveren Tag. Das Leistungstief liegt bei den meisten Menschen zwischen 14 und 16 Uhr. In dieser Zeit solltest Du die Aufgaben bewältigen, die mit sozialen Kontakten und Routinetätigkeiten zu tun haben. Nach dem Anstieg der Leistungskurve am späten Nachmittag kannst Du dich wieder anderen Aktivitäten zuwenden.

Um hier noch tiefer ins Detail zu gehen, kannst Du deine persönliche Leistungskurve ermitteln. Beobachte daher Deine Gewohnheiten. Wann fühlst Du dich besonders fit und arbeitest besonders effektiv? Wann ist Deine gewohnte Schlafenszeit und wann wachst Du ohne Wecker morgens auf?

Aus der Analyse ergeben sich folgende Typen:

Chronotyp	Bevorzugte Zeit des Aufstehens	Zeit der höchsten Energie	Bevorzugte Bettzeit
Stark ausgeprägter Morgentyp	5.00-6.30	5.00-8.00	20.00-21.00
Schwach ausgeprägter Morgentyp	6.30-7.45	8.00-10.00	21.00-22.15
Indifferenztyp	7.45-9.45	10.00-16.00	22.15-00.30
Schwach ausgeprägter Abendtyp	9.45-11.00	16.00-21.00	00.30-1.45
Stark ausgeprägter Abendtyp	11.00-12.00	21.00-5.00	1.45-3.00

Riedenauer/Tschirf 2012, 76

Hast Du deinen Typus gefunden gilt es deinen Tagesablauf darauf auszurichten. Erledige die wichtigsten und unangenehmsten Aufgaben in deinem persönlichem Leistungshoch. Einfache Aufgaben solltest Du auf die Zeit des Leistungstiefs legen. Tiefphasen können durch kurze Bewegung oder frische Luft abgemindert werden. Bei Deiner individuellen Leistungskurve handelt es sich um eine natürliche Vorgabe deines Organismus. Versuche nicht krampfhaft diese zu ändern, sondern richte deinen Tagesplan darauf aus und Deine Produktivität wird sich erheblich verbessern.

5 Tipps für die Praxis

Abseits der unter Kapitel 4 beschriebenen wissenschaftlichen Zeitmanagementmethoden möchte ich Dir hier noch einige konkrete Tipps für die Praxis geben. Du wirst sehen, dass bereits kleine Veränderung im Berufsalltag Dir wesentlich mehr Zeit verschaffen.

5.1 Die richtige Tagesgestaltung

Das richtige Zeitmanagement beginnt bereits am frühen Morgen. Beginne Deinen Tag positiv. Stehe jeden Tag zur gleichen Zeit auf und frühstücke gut. Du solltest Dir am Morgen genug Zeit für Dich nehmen, um gelassen und ohne Hast zur Arbeit fahren zu können.

Bevor Du mit der Arbeit beginnst, gehe deinen Tagesplan, den Du bereits am Vorabend erstellt hast, noch einmal durch und überprüfe die Aufgaben auf Dringlichkeit und Wichtigkeit. Triff für die Schwerpunktaufgaben des Tages die nötige Arbeitsvorbereitung und lege dir die Unterlagen bereit. Denke stets an die Themen Priorisierung, Delegation, Pareto-Prinzip, persönliche Leistungskurve und wende die Methoden so oft es geht an.

Am Ende des Tages machst Du einen Soll-Ist-Vergleich des Tagesplanes. Was konnte erledigt, was muss auf den nächsten Tag übertragen werden? Lege Dein Hauptaugenmerk auf das, was Du geschafft hast und bewerte die Umsetzung Deines Tagesplans insbesondere die Richtigkeit Deiner Zeitschätzungen. Mit der Zeit wirst Du ein immer besseres Gefühl für die Dauer der Tätigkeiten bekommen. Stelle einen Tagesplan für den nächsten Tag auf, so ersparst Du dir am Abend oder vor dem Schlafengehen unruhige Gedanken darüber, was wohl morgen auf Dich zukommen wird. Überlege Dir, welche Qualität, welchen Wert dieser Tag hatte und wieweit er Dich deinen Zielen nähergebracht hat. Schließe den Tag in aller Ruhe ab, räume deinen Schreibtisch auf und bereite Dich auf den Abend und die Freizeit vor. Denke an Deine Abendgestaltung und schaffe Dir etwas, das Dir guttut und Freude bereitet.

5.2 Der richtige Umgang mit Emails und Anrufen

Anrufe und E-mails gehören zu den häufigsten Störquellen, die das effektive Arbeiten verhindern. Sobald das Telefon klingelt oder eine Pop-up-Fenster erscheint, welches anzeigt, dass eine neue E-mail im Posteingang vorliegt, werden viele Menschen nervös und unterbrechen die aktuelle Aufgabe, um ans Telefon zu gehen oder die Email zu lesen. Der Beginn des Sägeblatteffekt wie unter **Kapitel 3.5** beschrieben.

Um dem entgegenzuwirken gibt es zum einen die Möglichkeit der bereits beschriebenen „Stillen Stunde“, in der man sich bewusst eine Stunde Zeit für die wichtigsten Aufgaben nimmt und sämtliche Störquellen eliminiert.

Bei der Bearbeitung von Emails kann man sogar noch einen Schritt weiter gehen. Dafür gibt es die sogenannte 3-21-0 - Methode. Diese besagt, dass Emails maximal 3x am Tag für 21 Minuten bearbeitet werden sollen mit dem Ziel am Ende des Tages 0 ungelesene Emails im Posteingang zu haben.

Die Kernaussage dieser Methode lautet, dass Du dir E-mail - Blöcke in deinem Tagesablauf integrierst, an denen Du dich ausschließlich um deren Bearbeitung kümmerst. Ob das nun 3 Blöcke mit jeweils 21 Minuten sind oder 2 Blöcke mit 30 Minuten, ist dabei egal. Wichtig ist nur, dass am Ende des Tages dein Posteingang aufgeräumt ist und Du die Kontrolle über deine Emails hast. Ich empfehle einen Block kurz vor der Mittagspause und einen gegen Ende des Arbeitstages.

Schalte die Pop-up-Funktion deines E-mail - Programms aus, um nicht der Versuchung zu erliegen, außerhalb der Bearbeitungsblöcke in deinen Posteingang zu schauen.

Halte dich so gut es geht, an die vorgegebenen Zeitfenster.

Wer kennt sie nicht? Die Kollegen, die eine E-mail schreiben und Sekunden später zum Hörer greifen, um Dich darauf hinzuweisen, dass Du eine Nachricht erhalten hast. Auch hier solltest Du von der Arbeit der Emails in Blöcken nicht abweichen. Erkläre Deine neue Herangehensweise bei der Bearbeitung von Emails und kontrolliere Dich von Zeit zu Zeit selbst. Du wirst bei der Umsetzung sofort einen positiven Effekt auf Deine Arbeitsleistung bemerken.

Das Gleiche kannst Du auch mit Anrufen machen. Wir müssen nicht ständig und überall erreichbar sein. Du kannst ganz einfach die Weiterleitung von Anrufen auch über die „stille Stunde" hinaus einsetzen und dir später am Tag mehrere Telefonblöcke einplanen. Diese dienen dann dazu, die Gesprächspartner zurückzurufen und deren Anliegen zu klären. So kannst Du innerhalb kürzester Zeit sämtliche Gespräche abarbeiten und dich danach wieder voll und ganz den wichtigen Aufgaben widmen. Die Telefonblöcke solltest Du allerdings nicht auf den späten Abend setzen, da dann einige Gesprächspartner nicht mehr erreichbar sein werden. Gut geeignet ist dafür die Zeit nach Mittag, da hier auch die persönliche Leistungskurve nach unten geht.

5.3 Anzahl der Meetings verringern

Viele Menschen verbringen einen nicht unerheblichen Teil Ihres Arbeitstages in Meetings. Doch wie viele davon sind auch wirklich produktiv? Leider die wenigsten. Eine Besprechung sollte nur immer dann einberufen werden, wenn für die Lösung eines Problems die Meinung mehrerer Personen notwendig ist. Themen, die sich einfach per E-mail oder Telefon klären lassen, sollten nicht in gesammelter Runde besprochen werden. Denn Meetings zerstückeln den Tagesablauf aller Teilnehmer und führen bei jedem Einzelnen zu Unterbrechungen der aktuellen Tätigkeit. Bei unsachgemäßer Durchführung gibt es außerdem häufig keine konkreten Ergebnisse, was zu Frustration und Demotivation der Teilnehmer führt.

Richtig eingesetzt, zum Beispiel für Brainstorming-Aktivitäten oder regelmäßigen Informationsaustausch im Team, sind Besprechungen natürlich weiterhin nützlich, wenn gewisse Regeln beachten werden.

Dazu zählen:

1. **Pünktlicher Beginn**

Ein Meeting sollte in jedem Fall pünktlich begonnen werden. Trödler sollten offen auf Ihre Verspätung angesprochen werden, um zu zeigen, dass ein derartiges Verhalten nicht toleriert wird.

2. **Klare Agenda mit Zielsetzung**

Bei der Einladung zum Meeting muss eine Agenda mit klarer Zielsetzung enthalten sein. Die komplette Besprechung verläuft gemäß dieser Agenda und ist auf das entsprechende Ziel ausgerichtet. Abschweifungen müssen unterbunden werden. Wenn Du zu einem Meeting ohne Agenda eingeladen wirst, sprich den Einladenden drauf an und bitte ihn diese festzulegen, damit alle Teilnehmer sich vorbereiten können.

3. **Gesprächsrunden klein halten**

Bei der Auswahl der Meetingteilnehmer ist darauf zu achten, dass nur Personen teilnehmen, die auch zur Erreichung des Besprechungsziels beitragen können. Kleine Gesprächsrunden sind effektiver und verhindern Endlosdiskussionen zu Grundsatzthemen

4. Einhaltung der Gesprächsregeln

Leider keine Selbstverständlichkeit in vielen Betrieben ist die Einhaltung von Gesprächsregeln.

Absolute No-Gos sind:

- Zu spät zu erscheinen bzw. das Meeting zu früh zu verlassen
- Den Anderen nicht ausreden zu lassen
- Anrufe annehmen
- Mit dem Sitznachbarn tuscheln
- Der ständige Blick aufs Smartphone
- Einen anderen Teilnehmer bloß stellen

5. Die Meinung aller Teilnehmer abfordern

Bei Besprechungen ist es wichtig, auch die Personen miteinzubeziehen, welche eher schüchtern sind und diejenigen auszubremsen, die ununterbrochen sprechen. Oftmals sind es die Ruhigen, welche die besten Ideen haben.

6. Ergebnis schriftlich festhalten

Es ist wichtig, dass jedes Meeting protokolliert und klar festgehalten wird, wer welche Aufgaben bis wann erledigt. In einem Folgetermin werden die Ergebnisse aus den Einzelaufgaben dann gemeinsam besprochen.

7. Das Meeting pünktlich beenden

Genauso wichtig wie ein pünktlicher Beginn, ist ein pünktliches Ende. Die wichtigsten Punkte sollten in der vorgegebenen Zeit besprochen werden. Alles was darüber hinausgeht, sollte in einem zweiten Termin angesprochen werden. Es ist immer darauf zu achten, dass Meetings nicht zu lange angesetzt werden. Idealerweise nicht länger als 1,5 Stunden ohne Pause, da dann die Konzentrationsfähigkeit der Teilnehmer erwiesenermaßen spürbar nachlässt.

8. Das Meeting vorzeitig abbrechen

Wenn ein Meeting nicht zum erwünschten Ergebnis führt, weil wichtige Personen oder Informationen fehlen, dann sollte es rechtzeitig abgebrochen werden. Das erfordert etwas Mut, spart jedoch die Zeit aller Teilnehmer.

5.4 Delegation von Aufgaben

Delegation meint das Übertragen von Aufgaben und Kompetenzen einer Person an eine andere Person. Die Delegation kann dabei von oben nach unten (Chef zu Mitarbeiter), von unten nach oben (Mitarbeiter zu Chef) oder auf gleicher hierarchischer Ebene (Kollege zu Kollege) stattfinden. Delegation ist eine Schlüsselfertigkeit im Zeitmanagement. Sie hat beträchtlichen direkten und indirekten Nutzen.

Die Delegation hilft Dir Dich zu entlasten und Zeit für wichtige Aufgaben (Quadrant II) zu gewinnen. In dem Du Aufgaben delegierst, nutzt Du die Fachkenntnisse und Erfahrungen der betreffenden Kollegen/Mitarbeiter. In einem gut funktionierenden Team ist die Delegation von Aufgaben selbstverständlich. Richtig angewendet wirkt sie sich positiv auf die Stimmung, Motivation und Zufriedenheit der Teammitglieder aus.

Bei der Delegation ist darauf zu achten, dass keine Aufgaben von großer Tragweite, Führungsaufgaben oder außergewöhnliche Aufgaben (Quadrant I) abgegeben werden.
Besonders geeignet sind dagegen Routineaufgaben oder Spezialistenaufgaben für entsprechend geschulte Personen zum Beispiel IT-Tätigkeiten.

Wenn Du dich in einer Führungsposition befindest, solltest Du darauf achten, einfache Aufgaben nicht nur an die fähigsten Mitarbeiter zu delegieren, sondern an jene, die über freie Arbeitszeit verfügen, die mehr Erfahrung brauchen oder deren Fähigkeiten Du prüfen willst.

Bei der Delegation von speziellen Aufgaben, solltest Du dich an den Stärken deiner Mitarbeiter orientieren und Dich fragen, wer am besten für die Erledigung der Tätigkeit geeignet ist.

Wichtig bei der Delegation ist außerdem immer die Abgabe von vollständigen Aufgaben und nicht nur von isolierten Teilaufgaben.

Die Weitergabe der Tätigkeit muss mit einer möglichst umfassenden Instruktion und Information erfolgen. Neben der genauen Inhaltsbeschreibung ist auch ein Erledigungstermin von großer Bedeutung. Es gibt in diesem Fall kein „dringend, eilig, schnell, sofort, etc." als Termin, sondern ein konkretes Datum.

Außerdem solltest Du den Sinn des Auftrages erklären und das Ziel sowie Deine Erwartungshaltung klar benennen. Vergewissere Dich, ob dein Gegenüber die Aufgabe und das Ziel genau verstanden hat.

Wenn die Aufgabe nicht zu Deinen Wünschen erledigt wurde, führe sie auf keinen Fall selbst zu Ende, sondern sprich die Punkte offen an. Vermeide strikt alle Fälle der Rückdelegation.

Was Du bei der Abgabe von Aufgaben unbedingt beachten musst, zeigt dir folgende Checkliste:

Check-up: Delegationsregeln (Schnellanalyse)

- Was soll getan werden? ⟶ konkreter Inhalt
- Wer soll es tun? ⟶ warum er/sie? (Entwicklung etc.)
- Warum soll er/sie es tun? ⟶ Sinn und Zweck
- Wie soll er/sie es tun? ⟶ Instruktionen, fachliches Coaching
- Wann soll er/sie es fertig haben? ⟶ genauer Zeitpunkt

5.5 Die 5-Minuten – Regel

Eine weitere einfache Methode, die Du sofort in deinen Alltag integrieren kannst, ist die 5 – Minuten – Regel. Diese bezieht sich auf die vielen kleinen Aufgaben, die alltäglich erledigt werden müssen und keine großartige Leistung abverlangen. Dazu zählen zum Beispiel das Abholen von Paketen, der Ausdruck von Dokumenten oder die Ablage von Emails. Es geht also um Tätigkeiten, welche unter 5 Minuten erledigt werden können und hier besagt die Regel, dass Du diese Tätigkeiten nicht aufschieben solltest. Ansonsten sammeln sich die vielen kleinen Dinge an und Du wirst Mühe haben den Überblick darüber zu behalten.

Erledigst Du dagegen die vielen kleinen Dinge sofort, wird die Anzahl an Aufgaben schnell reduziert und Du wirst den Kopf frei bekommen für die wichtigen Tätigkeiten.

Am besten planst Du dir für die Abarbeitung dieser Aufgaben ein separates Zeitfenster ein. Auch hier eignet sich wieder die eher unproduktive Zeit am frühen Nachmittag.

5.6 Der richtige Umgang mit Besuchern

Grundsätzlich gilt: Unangemeldete Besucher sind ein wichtiger Störfaktor. Bei der Erledigung Deiner Aufgaben solltest Du dir angewöhnen, Besucher nicht zu empfangen („Stille Stunde“). Gespräche mit Besuchern sollte soweit wie möglich vorgeplant werden und bei unangemeldeten Besuchern solltest Du nach einem bestimmten Schema vorgehen, um das Gespräch möglichst effizient zu gestalten.
Frage die Person nach dem Anliegen seines Besuchs (W-Fragen: Was, wozu, wer, warum wie, womit, wann?). Je nach Anlass kannst Du das Anliegen an eine andere Stelle oder Abteilung delegieren. Wenn das Anliegen sofort mit geringem Zeitaufwand zu erledigten ist, führe das Gespräch fort. Lass dich aber nicht davon abbringen, dich kurz zu fassen und sage das dem Besucher auch. Sollte das Thema längere Zeit in Anspruch nehmen, vereinbare einen Termin.

5.7 Die Zeitflussanalyse

Ein sehr gutes Werkzeug für das eigene Zeitmanagement ist eine Zeitflussanalyse. Dabei schreibst Du für eine Woche jede einzelne Tätigkeit auf, die Du in der Arbeit ausübst. Dazu gehört auch der private Plausch mit dem Kollegen oder der Gang zur Toilette. Als Einheit hierfür verwendest Du Minuten.

Nach einer Woche kannst Du in die Analyse und Selbstreflektion starten. Du kannst dir bewusst machen, was deine Zeitfresser sind und darauf reagieren. Teile die Aufgaben gemäß der Eisenhower Methode in die einzelnen Quadranten ein und streiche die Tätigkeiten, die Du dem vierten Quadranten zugeordnet hast, aus deiner Tagesplanung.

6 Ausblick

Um erfolgreiches Zeitmanagement zu betreiben, solltest Du dir zu Beginn nicht zu viel vornehmen. Leite zunächst ein paar realisierbare Schritte ein und akzeptiere, dass Nichts perfekt gemacht werden kann und Du nicht perfekt werden musst.
Integriere die dargelegten Methoden so gut es geht in Deinen Alltag und mache auch andere darauf aufmerksam, dass Du in diesem Bereich an dir arbeitest. Kümmere dich zuallererst um die Aufgaben, die für Dich besonders wichtig sind und optimiere diese. Setze dir eigene Fristen und Termine und versuche diese einzuhalten, aber mache Dir nicht zu viel Druck. Kontrolliere die eingeleiteten Maßnahmen stets auf Wirksamkeit und hol dir auch Feedback von Kollegen und Vorgesetzten. Wenn Du erste Erfolge feststellst, belohne Dich zum Beispiel mit einem freien Nachmittag.

Gib nicht auf. Wenn eine Methode bei Dir nicht klappt, dann bedeutet das nicht, dass sie nicht effektiv ist, sondern dass sie sich einfach für dich persönlich nicht eignet. Probiere die verschiedenen Maßnahmen aus, bis Du diejenigen für dich erkannt hast, die funktionieren und vertiefe Dein Wissen in diesem Bereich mit weiteren Büchern oder Schulungen. Empfehlenswert in diesem Bereich sind die Seminare von Otto Pätzold (**www.paetzold-beratung.de). Einen guten Online-Kurs zu diesem Thema findest Du außerdem hier: https://www.digistore24.com/redir/288614/ECoBRa/**

7 Schlusswort

Wir sind nun am Ende dieses Ratgebers angelangt. Sicherlich kann man zu jedem einzelnen Kapitel noch unzählige Punkte vertiefen und diskutieren. Die grundsätzlichen Informationen zum Thema Zeitmanagement hast Du jetzt erhalten. Dies ermöglicht Dir, in die eigene Analyse zu gehen und die Theorie in der Praxis anzuwenden. Bedenke dabei unbedingt, dass jeder Mensch unterschiedlich ist. Jeder hat eine andere Ausgangssituation und jeder muss sich mit dem Thema Zeitmanagement auf unterschiedliche Art und Weise auseinandersetzen.

Ich hoffe, dass ich Dir mit diesem Buch einen Mehrwert geliefert habe und Dich auf deinem Weg zu mehr Zeit unterstützen konnte. Um möglichst viele Menschen zu erreichen, die ebenfalls Interesse an dem Thema Zeitmanagement haben, würde ich mich über eine positive Bewertung bei Amazon sehr freuen.

Ich danke Dir und wünsche Dir für die Zukunft nur das Beste und das Leben, das Du Dir wünschst.

Quellen

https://mehrentspannung.de/der-holzfaeller-der-keine-zeit-hatte/, 13.02.2021

https://www.aphorismen.de/gedicht/51651, 13.02.2021

Seiwert, L. (2001): Das 1x1 des Zeitmanagement; 21. Auflage

Covey, S. (1992): Die sieben Wege zur Effektivität. Ein Konzept zur Meisterung Ihres beruflichen und privaten Lebens; 11. Auflage

Riedenauer und Tschirf (2012): Zeitmanagement und Selbstorganisation in der Wissenschaft: Ein selbstbestimmtes Leben in Balance, 1. Auflage

https://karrierebibel.de/meeting, vom 14.02.2021

Füsys Schulungsprogramm von Otto Pätzold, **www.paetzold-beratung.de**

Haftungsausschluss

Der Inhalt dieses Buches wurde mit großer Sorgfalt geprüft und erstellt. Für sämtliche Inhalte kann jedoch keine Garantie übernommen werden. Dies gilt weder für die Richtigkeit, Vollständigkeit, noch Aktualität der Inhalte. Für selbstverursachte Schäden und Fehlhandlung des Lesers wird daher keine juristische Haftung seitens des Autors übernommen. Gleichzeitig wird keine Haftung auf die im Buch angegebenen Quellen und externen Webseiten übernommen. Für all diese Inhalte ist einzig und allein der jeweilige Webseitenbetreiber verantwortlich, weshalb der Autor automatisch von einer Haftung ausgeschlossen ist.

Impressum

Printed in Poland
by Amazon Fulfillment
Poland Sp. z o.o., Wrocław

23511356R00036